Mãe

me conta

sua

História

Publicado por Midsummer Bloom Books
1621 Central Ave, Cheyenne, WY 82001, Estados Unidos

Primeira Edição: Junho de 2025
Impresso nos Estados Unidos da América

Índice

Sua História Começa Aqui   4

Pequena Sonhadora   7

Criando Asas   21

Encontrando Seu Caminho   31

Corações Entrelaçados   43

Tornando-se Mãe   53

O Ritmo da Vida em Família   61

Paixões Pessoais   73

Amor e Lições de Vida   87

Sua História Começa Aqui

Sabe aquele olhar que seus filhos te dão quando encontram uma foto antiga sua, com um cabelo todo diferente e sonhos ainda mais malucos? Ou quando acham seu anuário da escola e não conseguem acreditar que aquela era você? É aquele misto de surpresa e fascínio, como se eles estivessem percebendo, de repente, que a mamãe teve toda uma vida antes de se tornar, bem, a Mamãe.

Aqui está a questão – este livro não é só mais um caderno. É um lugar para capturar todas aquelas histórias que normalmente só aparecem durante conversas tarde da noite na cozinha ou em longas viagens de carro. Porque, por trás da mãe que confere os deveres, marca consultas médicas e, de alguma forma, sempre sabe onde estão as chuteiras perdidas, existe toda uma outra pessoa com aventuras e sonhos que seus filhos estão apenas começando a descobrir.

Claro, eles te conhecem como a Mamãe – a que organiza horários como ninguém, cura machucados e planeja festas de aniversário. Mas há muito mais na sua história! A adolescente que tinha uma coleção incrível de pôsteres de bandas, a jovem que viajou sozinha ou começou seu primeiro emprego. Você percorreu uma grande jornada para se tornar a mãe que é hoje.

Escreva tudo isso aqui – os sonhos da sua infância, o primeiro coração partido, os momentos de maior orgulho, o dia em que percebeu que estava pronta para ser mãe. Não se preocupe em fazer tudo perfeito. As histórias reais têm rugas e manchas de café também.

Tire o tempo que precisar – entre buscar as crianças na escola e fazer as compras, entre histórias para dormir e a correria das manhãs. Preencha essas páginas com as memórias que te moldaram, e os momentos que te fizeram rir, chorar ou crescer. Porque, um dia, quando seus filhos forem mais velhos, eles vão entender que "Mamãe" não é só um título – é parte de uma história incrível que ainda está sendo escrita.

Então, o que você acha, Mamãe? Pronta para compartilhar sua jornada? Por trás das histórias para dormir que você conta para seus filhos, existe a sua própria história esperando para ser contada. E acredite, é uma história que seus filhos vão guardar para sempre.

Como Usar Este Livro

Esta é a sua história – não há uma linha do tempo para seguir, nem regras para obedecer. Escolha qualquer pergunta que desperte uma memória e comece a escrever. Pule partes, volte mais tarde ou dedique mais tempo aos momentos que são mais importantes para você.

Lembre-se, essas perguntas são apenas portas para suas memórias. Suas respostas podem te levar por caminhos inesperados, e isso está tudo bem. Este livro não é sobre escrever perfeitamente – é sobre capturar sua jornada única com a sua própria voz.

Em cada manhã apressada,

Em cada beijo de boa noite,

Há uma história por trás da mãe que vemos,

De sonhos, esperanças e de uma menina correndo
livre.

Antes de você ser a 'Mamãe' que sabe tudo,

Você estava escrevendo sua história, dia após dia.

Agora compartilhe esses capítulos, intensos e
verdadeiros,

De todas as aventuras que moldaram quem é você.

1

Pequena Sonhadora

Mamãe, queremos saber como era quando você era pequena. Como era a vida na sua idade? Conte para a gente sobre suas aventuras de infância e as primeiras memórias que te moldaram.

Primeira Casa

O lar é onde nossa história começa – aquelas paredes que testemunharam seus primeiros passos, primeiras palavras e primeiros sonhos. Como era o lugar onde você deu seu primeiro suspiro e começou a descobrir o mundo?

1.Como era a casa da sua infância?

2.Qual é a memória mais antiga que você tem desse lugar?

3.Você se mudou durante a infância? Se sim, como foi essa transição?

A Jornada da Vovó

A influência da sua mãe moldou não só sua infância, mas também o legado que continua em nossa família hoje. Conte para nós sobre a mulher por trás da avó de quem tanto ouvimos falar.

1.Qual é sua memória favorita de infância passando tempo com sua mãe?

2.Como você descreveria a personalidade da sua mãe e o que a tornava única?

3.O que sua mãe mais gostava de fazer? Você gostava de fazer isso com ela?

A Sabedoria do Vovô

O homem que ajudou a te criar deixou marcas no seu coração que moldaram quem você se tornou. Como seu pai realmente era? Queremos ouvir as histórias que capturam a essência dele e o vínculo que vocês compartilharam.

1.Como era seu pai enquanto você crescia e o que você mais admirava nele?

2.Quais são as memórias mais preciosas que você tem de momentos com seu pai?

3.Como seu pai demonstrava amor por você e pela família?

Círculos de Família

Aqueles primos, tias e tios trouxeram cor e caráter para o mundo da sua infância. Os rostos familiares criaram um mosaico de pertencimento que ia além da sua família imediata.

1.Qual tia ou tio teve a maior influência na sua infância, e por quê?

2.Quais tradições ou atividades especiais você curtia com seus primos?

3.Quais histórias engraçadas da família você se lembra?

Aromas da Cozinha

Algumas memórias vivem nos cheiros – pão crescendo no forno, jantares de domingo fervendo, especiarias de festas dançando no ar. Quais sabores da cozinha da sua infância ficaram com você ao longo dos anos?

1.Quais comidas eram mais comuns na sua casa de infância?

2.Quem cozinhava na sua família e qual era o prato especial dessa pessoa?

3.Quais utensílios ou eletrodomésticos de cozinha você lembra da sua infância?

Dias de Brincadeira

Os dias de infância eram cheios de possibilidades. Correndo livre, inventando jogos, criando mundos a partir da imaginação – como você passava essas horas douradas de liberdade quando era pequena?

1.Quais jogos você brincava com outras crianças do bairro?

2.Qual era sua atividade ao ar livre favorita em cada estação?

3.Quais brinquedos ou coisas para brincar eram mais populares na sua infância?

Dias de Escola

As portas da escola se abrem para um universo de descobertas, de-safios e crescimento. Essas primeiras salas de aula moldam não só o que aprendemos, mas também como nos enxergamos no mundo. Como era a escola quando você era pequena?

1.O que você se lembra sobre o seu primeiro dia de aula?

2.Quem foi seu professor ou professora favorito(a), e o que o(a) tornava especial?

3.Quais matérias você mais gostava e menos gostava no ensino fundamental?

Amigos de Infância

As amizades de infância são as primeiras pontes que construímos da nossa família para o mundo lá fora. Esses amigos nos ensinam nossas primeiras lições sobre conexão e confiança. Quem caminhou ao seu lado nesses primeiros anos?

1.Quem foi sua melhor amiga ou amigo na infância, e como vocês se conheceram?

2.Quais atividades ou jogos vocês mais gostavam de fazer juntos?

3.Vocês já tiveram desentendimentos? Como resolviam?

Travessuras de Infância

Toda infância tem sua dose de confusões e travessuras – aqueles mo-mentos que pareciam enormes na época, mas que agora nos fazem sorrir. Quais pequenas aventuras coloriram seus primeiros anos?

1.Qual foi a coisa mais travessa que você fez quando era criança?

2.Você já quebrou algo valioso ou se meteu em confusão na escola?

3.Qual acidente ou machucado de infância você lembra com mais clareza?

Regras e Tarefas

Sua casa de infância tinha seu próprio conjunto de responsabilidades que ajudaram a moldar quem você seria. De arrumar a cama a alimentar os bichos de estimação, essas primeiras lições ensinaram sobre fazer parte de uma família.

1.Quais tarefas eram sua responsabilidade em diferentes idades?

2.Como você ganhava ou recebia mesada quando criança?

3.Como você era punida quando quebrava as regras?

Lugar Secreto Favorito

Mesmo a criança mais amada às vezes precisa de um canto secreto, um lugar que seja só dela. Esses santuários tranquilos muitas vezes guardam nossos pensamentos e sonhos mais privados.

1.Para onde você ia quando queria ficar sozinha na infância?

2.Você criou algum esconderijo ou forte especial durante sua infância?

3.O que você costumava fazer nesses lugares secretos?

Primeira Aventura

Toda jornada começa com um único passo. Aquela primeira experiência de exploração – seja em outra parte da cidade ou em outro país – nos abre os olhos para o quão vasto e maravilhoso o mundo pode ser.

1.Qual foi sua primeira viagem ou jornada importante longe de casa?

2.Quantos anos você tinha e quem foi com você nessa aventura?

3.O que mais te surpreendeu ou impressionou nessa nova experiência?

Sonhos de Infância

Muito antes de a realidade moldar nossas escolhas, nossos corações jovens sonham sem limites. Essas primeiras visões – realizadas ou não – oferecem janelas para quem um dia esperávamos ser.

1.O que você queria ser quando crescesse?

2.Quem eram seus heróis ou modelos na infância?

3.No que você era realmente boa e adorava fazer?

2

Criando Asas

Sua adolescência deve ter sido tão diferente da nossa! Como foi crescer enquanto você descobria quem queria ser? Queremos saber sobre seus amigos, sonhos e desafios como adolescente.

Estilo Adolescente

As roupas que ocupavam o seu armário na adolescência eram declarações de quem você era e de quem queria ser. Desde as tendências que todo mundo seguia até os toques únicos que você dava, como você se expressava?

1.Quais eram os estilos de roupas populares quando você era adolescente?

2.Qual roupa dos seus anos de adolescente você se lembra com mais clareza?

3.Existiam escolhas de moda que seus pais desaprovavam ou proibiam?

Círculos de Amigos

Aqueles amigos que conheciam seus segredos e compartilhavam suas risadas deixaram marcas no seu coração. As pessoas que estiveram ao seu lado nesses anos maravilhosos de adolescência ajudaram a moldar quem você se tornou.

1.Quem eram seus amigos mais próximos durante a adolescência?

2.Quais atividades ou interesses conectavam você aos seus amigos?

3.Você manteve alguma das amizades da adolescência na vida adulta?

Dias de Ensino Médio

Os corredores do ensino médio ecoam com gritos, sussurros e os passos de quem estávamos nos tornando. Esses anos formativos nos moldam de maneiras que só reconhecemos décadas depois. Como era a vida escolar na sua época?

1.Em quais atividades extracurriculares ou esportes você participou?

2.Sua escola tinha tradições ou eventos especiais que todos aguardavam ansiosamente?

3.Como foi sua cerimônia de formatura?

Momentos Musicais

A trilha sonora da nossa juventude se torna o hino das nossas memórias. Aqueles sons que te faziam dançar, chorar ou sonhar grande ainda têm o poder de te transportar de volta a quem você foi.

1.Quais bandas ou músicos você ouvia na adolescência?

2.Você foi a algum show ou evento musical inesquecível?

3.Havia alguma música ou álbum que capturava perfeitamente sua experiência como adolescente?

Crescendo Com Dores

Os adolescentes navegam por um mundo de tentativas e erros, onde os erros se tornam degraus para a sabedoria. Esses desafios, uma vez superados, constroem a resiliência que nos guia pela vida.

1.Qual foi um dos maiores erros ou enganos que você cometeu como adolescente?

2.Como você lidava com a pressão acadêmica ou aulas difíceis?

3.Para quem você recorria em busca de conselhos quando enfrentava situações difíceis?

Professores Especiais

Alguns professores fazem mais do que ensinar matérias – eles nos ensinam sobre a vida e nos ajudam a enxergar possibilidades dentro de nós que nunca imaginamos. Sua influência vai muito além das paredes da sala de aula.

1.Qual professor teve o maior impacto na sua adolescência?

2.Qual matéria ou habilidade ele ensinava e como ele tornava isso especial?

3.Qual foi a melhor lição que um professor já te ensinou?

Pontos de Encontro de Adolescentes

Cada geração reivindica seu território – aqueles lugares especiais onde jovens se reúnem para socializar. Esses pontos de encontro se tornam o cenário de alguns dos momentos mais memoráveis da vida.

1.Onde você e seus amigos geralmente se reuniam depois da escola ou nos fins de semana?

2.Havia algum restaurante, shopping ou local de lazer popular entre os adolescentes?

3.O que vocês costumavam fazer quando estavam juntos com os amigos?

Páginas do Diário

Se as páginas do seu diário de adolescente pudessem falar, que histórias elas contariam? Aqueles pensamentos e observações privados, registrados ou guardados no coração, capturavam o mundo através de olhos mais jovens.

1.Você mantinha um diário ou caderno durante a adolescência?

2.Quais tópicos ou eventos dominariam as páginas do seu diário?

3.Se você pudesse enviar uma mensagem breve para sua versão adolescente, qual conselho você daria?

Sonhos do Amanhã

*Os anos de ensino médio trouxeram os primeiros pensamentos séri-
os sobre o adulto que você poderia se tornar. Essas primeiras visões
– ambiciosas, práticas ou totalmente impossíveis – guiaram nossos
primeiros passos em direção ao futuro.*

1.Qual carreira ou caminho de vida você imaginava para si mesma
como adolescente?

2.Quais passos você deu durante a adolescência em direção aos seus
objetivos futuros?

3.Seus sonhos de adolescente se tornaram realidade ou a vida te levou
por outros caminhos?

3

Encontrando Seu Caminho

Antes de se tornar nossa mãe, você estava descobrindo sua própria jornada de vida. Quais foram suas esperanças e aventuras como uma jovem mulher? Estamos curiosos sobre sua vida antes de chegarmos.

Deixando o Ninho

Aquele momento em que você girou a chave pela primeira vez no seu próprio espaço marcou uma das maiores transições da vida. Ficar por conta própria abriu um capítulo de liberdade emocionante e realidades inesperadas.

1.Quando e por que você saiu da casa dos seus pais pela primeira vez?

2.O que mais te surpreendeu sobre viver de forma independente pela primeira vez?

3.Quais habilidades você precisou aprender rapidamente quando começou a morar sozinha?

Primeiros Empregos de Verdade

O caminho da nossa vida profissional raramente é linear. Aqueles primeiros empregos e experiências profissionais – sejam trampolins ou tropeços – moldam não só nossos currículos, mas também nosso caráter.

1.Qual foi seu primeiro emprego sério ou sua posição profissional após a escola?

2.O que mais te surpreendeu sobre o mundo profissional?

3.Quais habilidades valiosas você adquiriu das suas primeiras experiências de trabalho?

Lições sobre Dinheiro

A independência financeira é um dos maiores desafios e recompensas da vida adulta. As primeiras experiências com orçamentos, contas e bancos ensinam lições que nenhuma sala de aula pode oferecer.

1.Como você gerenciou seu primeiro orçamento independente?

2.Quais erros financeiros te ensinaram lições importantes?

3.Como você economizava para compras ou objetivos importantes?

Comprando por Conta Própria

Conte para a gente sobre aquelas primeiras idas às compras com o dinheiro que você mesma ganhou. Lembra da emoção de fazer suas próprias escolhas sem pedir permissão?

1.Qual foi a primeira compra significativa que você fez com seu próprio dinheiro?

2.Houve algo para o qual você economizou por muito tempo? Valeu a pena esperar?

3.Qual foi a coisa mais significativa que você já comprou para si mesma?

Estilo Pessoal

Como você se expressava através das roupas ao entrar na vida adulta? Compartilhe a evolução do seu estilo pessoal nesses anos – desde as influências da moda até os looks que mais te faziam sentir você mesma.

1.Quem ou o que influenciou suas escolhas de moda enquanto você crescia?

2.Havia alguma roupa ou acessório que te fazia se sentir particularmente confiante?

3.Qual peça de roupa ou acessório você guardou por mais tempo, e por quê?

Novos Horizontes

Pense nas mudanças e viagens que ampliaram seu mundo como jovem adulta. Seja mudando para outro bairro ou outro país, como essas experiências transformaram sua visão do mundo e do seu lugar nele?

1.Qual foi a mudança ou viagem mais significativa que você fez como jovem adulta?

2.Como você decidiu para onde ir e como fazer isso acontecer?

3.O que você aprendeu sobre si mesma ao viajar ou se mudar?

Aprendendo e Crescendo

Sua educação não parou na formatura – que conhecimentos você buscou enquanto construía sua vida adulta? Reflita sobre como você continuou a expandir sua mente por meio de estudos formais ou habilidades autodidatas que abriram novas portas.

1.Que educação ou treinamento adicional você buscou após o ensino médio?

2.Como você escolheu o que estudar ou aprender?

3.Quais habilidades você aprendeu sozinha, fora da educação formal?

As Pessoas que Você Escolheu

Enquanto construímos nossas vidas adultas, criamos uma família escolhida de amigos e mentores. Esses relacionamentos formam a rede de segurança que nos ampara nas quedas e celebra conosco quando voamos.

1.Quem foram as pessoas mais importantes na sua vida durante seus primeiros anos como adulta?

2.Como você manteve amizades antigas enquanto fazia novas?

3.Quem te guiou enquanto você começava sua vida adulta?

Espaços de Moradia

Pense naquele primeiro lugar que era realmente seu – talvez pequeno ou simples, mas completamente seu. Como foi criar seu primeiro espaço de vida adulta e descobrir suas próprias preferências sobre como um lar deve ser?

1.Como era seu primeiro apartamento ou casa?

2.Como você mobiliou ou decorou seus primeiros espaços de moradia?

3.Quem eram seus colegas de quarto ou vizinhos, e como eram as dinâmicas entre vocês?

Descobrindo Sua Força

Lembre-se daqueles momentos em que você surpreendeu a si mesma com sua própria capacidade e coragem. Quais experiências ajudaram a construir sua confiança como uma jovem mulher de pé sobre suas próprias pernas?

1.Qual conquista fez você perceber suas próprias capacidades?

2.Qual desafio parecia impossível até você superá-lo?

3.Como você lidava com críticas ou reveses como jovem adulta?

Escolhas Corajosas

O crescimento acontece na borda da nossa zona de conforto. Aqueles momentos em que você escolheu o caminho incerto em vez do seguro frequentemente levam aos capítulos mais memoráveis da sua história.

1.Qual foi a decisão mais ousada ou o maior risco que você tomou nos seus primeiros anos como adulta?

2.Como você decidia se deveria correr grandes riscos?

3.Qual oportunidade inesperada mudou a direção da sua vida?

4

Corações Entrelaçados

Sempre nos perguntamos como você e o Papai se encontraram. Como começou a história de amor de vocês? Conte para a gente sobre o primeiro encontro e os momentos que levaram à vida que construíram juntos.

Primeiros Encontros

Lembre-se daquele momento em que seus olhos encontraram os do Papai pela primeira vez – aquele dia comum que mudaria tudo. O que estava acontecendo na sua vida quando seus caminhos se cruzaram, e quais detalhes você se lembra ao vê-lo pela primeira vez?

1.Onde e quando você e o Papai se conheceram pela primeira vez?

2.O que estava acontecendo na sua vida quando você conheceu o Papai?

3.Qual foi sua primeira impressão do Papai?

Conhecendo Ele Melhor

Aqueles primeiros encontros estavam cheios de nervosismo e empolgação. Compartilhe esses momentos iniciais juntos – as conversas e pequenas descobertas que fizeram você querer passar mais tempo com essa pessoa especial.

1.Qual foi o seu primeiro encontro oficial com o Papai?

2.Quais atividades vocês gostavam de fazer juntos no início do namoro?

3.O que você descobriu sobre o Papai nos primeiros encontros que te surpreendeu?

Mantendo o Contato

Antes dos smartphones manterem todos constantemente conectados, como você e o Papai se comunicavam entre um encontro e outro? Conte para a gente sobre as formas especiais que vocês usavam para expressar os sentimentos que cresciam entre vocês.

1.Como vocês mantinham contato entre os encontros ou quando estavam separados?

2.O Papai já escreveu bilhetes ou cartas para você? Ou você escreveu para ele?

3.Qual foi o presente mais memorável que o Papai te deu?

Superando Tempestades

Todo relacionamento enfrenta seus desafios. Quais obstáculos vocês superaram juntos, e como enfrentar essas dificuldades fortaleceu a base que estavam construindo?

1.Quais obstáculos ou desafios vocês enfrentaram?

2.Houve algum mal-entendido ou desentendimento que testou o relacionamento de vocês?

3.Alguma vez a distância, preocupações familiares ou outras circunstâncias separaram vocês?

Ficando Sério

Lembre-se daquela mudança quando você percebeu que não era apenas um namoro casual. Compartilhe o momento em que soube que esse relacionamento estava se tornando algo realmente especial, que poderia durar para sempre.

1.Quando você percebeu que esse relacionamento estava ficando sério?

2.Quanto tempo vocês namoraram antes de perceberem que era algo especial?

3.Quais foram os grandes momentos que tornaram o relacionamento de vocês mais sério?

A Grande Pergunta

O momento do pedido de casamento ocupa um lugar especial em toda história de amor. Volte ao momento em que o Papai te pediu em casamento – onde você estava, como ele fez o pedido e como você se sentiu quando chegou esse momento.

1.Como e onde o Papai pediu você em casamento?

2.Quais detalhes desse momento você se lembra com mais clareza?

3.Você contou para alguém imediatamente depois? Qual foi a reação deles?

Dia do Casamento

O dia do casamento de vocês foi cheio de detalhes planejados e surpresas. Quais momentos se destacam mais claramente quando você pensa no dia em que se tornou esposa?

1.Qual foi o momento mais memorável do seu dia de casamento?

2.Como você escolheu seu vestido de noiva e como ele era?

3.Que tradições ou toques pessoais vocês incluíram na cerimônia?

Memórias da Lua de Mel

A lua de mel é, muitas vezes, a primeira aventura que um casal faz junto depois de dizer "sim". É um momento de celebração, conexão e criação de memórias que duram a vida inteira.

1.Para onde vocês foram na lua de mel e como decidiram o destino?

2.Quais foram os momentos mais memoráveis da lua de mel?

3.Aconteceu algo inesperado durante a viagem? Como vocês lidaram com isso?

Começando Juntos

Aqueles primeiros dias de vida de casados têm sua própria magia única. Como era a vida quando vocês estavam começando juntos, descobrindo a nova vida como casal?

1.Onde vocês moraram logo após o casamento, e como escolheram esse lugar?

2.Como era a situação financeira de vocês como recém-casados?

3.Quais coisas especiais você e o Papai começaram a fazer juntos como recém-casados?

5

Tornando-se Mãe

O dia em que você se tornou mãe mudou tudo. Como foi quando você nos segurou pela primeira vez? Queremos saber seus pensamentos e sentimentos ao assumir esse novo papel.

Esperando o Bebê

Os meses antes da chegada de um filho misturam empolgação com nervosismo. Lembre-se desse tempo especial de expectativa – como você se preparou para o bebê que mudaria tudo?

1.Como você preparou sua casa para a chegada do seu primeiro filho?

2.Que cursos ou recursos você usou para aprender sobre gravidez e maternidade?

3.O que você mudou na sua vida para se preparar para o bebê?

História do Nascimento

O dia em que você viu seu bebê frente a frente foi repleto de momentos inesquecíveis. Desde as primeiras contrações até finalmente segurar o bebê nos braços, as histórias de nascimento ficam na memória das mães para sempre.

1.Quem esteve com você durante o trabalho de parto e o nascimento?

2.O que você se lembra com mais clareza ao ver seu filho pela primeira vez?

3.Quais sentimentos tomaram conta de você nos primeiros momentos segurando seu recém-nascido?

Dias Novos em Folha

Aqueles primeiros dias em casa com o bebê foram uma mistura de exaustão e encantamento enquanto você conhecia aquele pequeno ser. Lembra-se das noites sem dormir e dos momentos cheios de descoberta?

1.Como foi a sua primeira noite em casa com seu primeiro bebê?

2.Quais desafios você enfrentou nos primeiros dias cuidando de um recém-nascido?

3.Como você aprendeu a cuidar do bebê?

Tornando-se Mãe

A maternidade não apenas acrescentou um título a quem você era – ela te transformou de dentro para fora. Como você navegou essa mudança profunda de identidade enquanto ainda mantinha partes de quem você era antes?

1.Como sua rotina diária mudou depois de se tornar mãe?

2.Quando você se sentiu confiante pela primeira vez no papel de mãe?

3.Quais atividades ou práticas te ajudaram a se acostumar a ser mãe?

Surpresas Inesperadas

Nenhum livro sobre bebês ou coluna de conselhos poderia te preparar totalmente para a realidade. O que mais te surpreendeu ao realmente ter um bebê em comparação com o que você imaginava?

1.O que mais te surpreendeu sobre a realidade de ter um bebê?

2.Qual aspecto da maternidade foi mais fácil do que você esperava?

3.O que ninguém te contou sobre ser mãe que você gostaria de ter sabido?

Família Crescendo

Cada família encontra seu tamanho ideal tanto pelo planejamento quanto pelas circunstâncias. Compartilhe seus pensamentos sobre construir nossa família – como você decidiu o timing, o espaçamento e preparar os irmãos uns para os outros.

1.Como você decidiu se teria mais filhos depois do primeiro?

2.Como você preparou seu(s) filho(s) para a chegada de um novo membro na família?

3.Quais diferenças você notou entre a sua primeira gravidez/parto e os seguintes?

Mudança nos Relacionamentos

A chegada de um bebê reorganiza todos os relacionamentos dentro da dinâmica familiar. Como se tornar pais mudou a relação entre você e o Papai, com os avós e com seu círculo de amigos?

1.Como seu relacionamento com o Papai mudou depois de vocês se tornarem pais?

2.Como você e o Papai se mantiveram próximos depois de terem filhos?

3.Você entrou em algum grupo de pais ou fez novas "amigas mães"?

6

O Ritmo da Vida em Família

Nossa vida em família sempre teve suas rotinas e momentos especiais. Como você criou o nosso mundo do dia a dia? Compartilhe as pequenas, mas significativas partes de nos criar que tornaram nosso lar especial.

Rotinas Matinais

Suas manhãs como mãe muitas vezes começavam antes de todo mundo acordar. Como eram essas primeiras horas enquanto você colocava nossa família em movimento para um novo dia?

1.A que horas você geralmente acordava como mãe?

2.Qual era a sua sequência matinal – quais tarefas você fazia em primeiro, segundo e terceiro lugar?

3.Como você conseguia preparar todo mundo e sair de casa todas as manhãs?

Amor na Cozinha

As refeições que você preparava faziam mais do que encher nossos estômagos – elas criavam memórias e tradições. Como você encarava o desafio diário de alimentar nossa família, desde o planejamento até a preparação?

1.Como você planejava as refeições para nossa família?

2.Quais eram suas receitas ou pratos favoritos que apareciam sempre?

3.Como você organizava as compras de supermercado?

Questões de Dinheiro

Criar uma família significa tomar milhares de decisões financeiras. Lembre-se de como você estabelecia prioridades e fazia escolhas difíceis sobre o que era realmente necessário para a família e o que podia esperar.

1.Como você e o Papai tomavam decisões financeiras e planejavam o orçamento?

2.Como você ensinava as crianças sobre dinheiro e como administrá-lo?

3.Houve coisas que você abriu mão ou sacrificou para apoiar as finanças da família?

Reservas de Energia

A maternidade exige uma dedicação infinita, mas todo mundo precisa recarregar suas energias. Como você encontrava momentos para recarregar suas baterias quando parecia que todos precisavam de um pedaço de você?

1.Quais atividades ou práticas te ajudavam a recarregar durante os anos intensos de maternidade?

2.Como você encontrava tempo para si mesma enquanto conciliava as responsabilidades familiares?

3.O que você fazia quando sentia que sua energia estava completamente esgotada?

Trabalho em Equipe em Casa

Toda casa desenvolve seu próprio ritmo de quem cuida de quais responsabilidades. Conte como as tarefas eram divididas na nossa casa – entre os pais, com as crianças, e como esses padrões mudaram conforme a família cresceu.

1.Como as responsabilidades domésticas eram divididas entre você e o Papai?

2.Quais tarefas ou responsabilidades eram atribuídas às crianças em diferentes idades?

3.Quais responsabilidades domésticas você achava mais desafiadoras?

Alegria do Dia a Dia

Entre as agendas cheias e as responsabilidades rotineiras, você encontrava maneiras de tornar momentos comuns especiais. Quais pequenas tradições ou prazeres simples você trouxe para o nosso dia a dia em família?

1.Quais rituais simples ou pequenas tradições iluminavam os dias comuns?

2.Como você criava momentos de alegria sem gastar muito?

3.Quais objetos ou experiências comuns assumiram um significado especial na nossa família?

Encerrando o Dia

À medida que o dia escurecia, você guiava a família das atividades para o descanso com rituais noturnos. Como eram aquelas preciosas horas finais do dia em nossa casa, enquanto todos se preparavam para dormir?

1.Qual era a sequência típica da sua rotina noturna com a família?

2.Como você lidava com o horário de dormir para crianças de idades diferentes?

3.Quais atividades ou rotinas noturnas ajudavam a família a relaxar à noite?

Fazendo os Feriados Nossos

Embora os feriados venham com suas celebrações tradicionais, você criou toques especiais que os tornaram exclusivamente "nossos". Quais tradições pessoais você estabeleceu que deram um sabor especial às celebrações da nossa família?

1.Quais tradições de feriado você criou que eram únicas para nossa família?

2.Como certas tradições de feriado evoluíram ou mudaram ao longo dos anos?

3.Qual feriado você mais se dedicou para tornar especial, e por quê?

Celebrações de Aniversário

Aniversários não eram apenas mais um dia na nossa família – eram feriados pessoais em que você fazia a pessoa aniversariante se sentir realmente especial. Compartilhe as formas como você criou magia nessas celebrações.

1.Quais tradições de aniversário você criou para fazer cada criança se sentir especial?

2.Você já teve algum "desastre" de aniversário que virou uma história engraçada da família?

3.Como as celebrações de aniversário na nossa família se comparavam com as que você tinha quando era criança?

Nossas Raízes

A história da nossa família não começou conosco – ela se estende por gerações que moldaram quem somos hoje. Como você nos conectou às nossas origens e garantiu que entendêssemos os ombros sobre os quais estamos apoiados?

1.Quais aspectos da nossa herança cultural ou familiar você queria mais preservar?

2.Como você nos apresentou aos lugares, comidas ou idiomas da nossa herança?

3.Quais objetos ou relíquias serviram como ligações tangíveis com a história da nossa família?

Momentos Sagrados

Além das rotinas agitadas do dia a dia, você criou espaço para co-nexões mais profundas e reflexão. Quais rituais ou práticas especiais você estabeleceu que ajudaram nossa família a tocar algo maior do que nós mesmos?

1.Como você marcava transições ou marcos da vida de forma significativa?

2.Quais práticas ajudavam nossa família a refletir sobre valores além do material ou cotidiano?

3.Quando e como você criava espaço para gratidão, reflexão ou conexão espiritual?

7

Paixões Pessoais

Você sempre foi muito mais do que apenas "Mãe" para nós. Quais atividades e interesses ajudaram você a se sentir como você mesma? Queremos conhecer as paixões que fazem de você quem é.

Projetos do Coração

Todo mundo precisa de algo que seja só seu — um interesse que acenda uma luz interior. Quais hobbies ou paixões te cativaram mais profundamente ao longo da vida?

1.Qual hobby ou interesse te cativou mais intensamente?

2.Quais habilidades você desenvolveu ao se dedicar a esse interesse?

3.Como sua família reagiu ou se envolveu com seus hobbies ou projetos de paixão?

Só Para Você

No meio de cuidar de todo mundo, encontrar momentos que eram só seus foi essencial. Quais prazeres tranquilos ou atividades pessoais ajudaram você a manter seu senso de identidade em meio às responsabilidades familiares?

1.Quais atividades solitárias você buscava para seu prazer pessoal?

2.Como você protegia seu tempo em meio às demandas da família?

3.Onde na sua casa você criou um refúgio ou espaço só seu?

Corpo e Movimento

Manter-se ativa nos conecta ao nosso corpo de formas essenciais para o bem-estar. Quais atividades físicas trouxeram alegria, desafios ou relaxamento em diferentes fases da sua vida?

1.Quais atividades físicas ou esportes você gostou de praticar ao longo da vida?

2.Como suas atividades mudaram depois que você se tornou mãe?

3.O que te motivava a manter as atividades físicas apesar da agenda cheia?

Música na Sua Vida

Certas músicas se entrelaçam em nossas memórias. Que músicas marcaram sua vida, tornando-se trilha de capítulos importantes?

1.Qual música sempre melhora seu humor, não importa o que aconteça?

2.Você tocava algum instrumento ou cantava quando era mais jovem?

3.Houve algum show ou evento musical que deixou uma impressão duradoura?

Dançando Pela Vida

A dança desperta algo especial na alma – seja em passos formais ou rodopios na cozinha com as crianças. Quando a música movimentou seu corpo e trouxe momentos de pura alegria?

1.Qual tipo de dança te trouxe mais alegria?

2.Você já fez aulas formais de dança? Qual foi o impacto disso na sua vida?

3.Você já se apresentou para uma plateia? Como foi essa experiência?

Magia do Cinema

Os filmes nos transportam para outros mundos e às vezes nos ajudam a enxergar o nosso de forma diferente. Quais histórias da telona capturaram sua imaginação ou ofereceram a fuga perfeita do dia a dia?

1.Qual é o seu filme favorito de todos os tempos, e por quê?

2.Quais gêneros de filmes você mais gostou?

3.Houve algum personagem de filme com o qual você realmente se identificou ou admirou?

Entre as Páginas

Os livros criam mundos privados onde você pode viajar sem sair do lugar. Quais histórias te mantiveram acordada virando páginas e quais personagens pareciam velhos amigos?

1.Qual livro teve o impacto mais profundo na sua vida e por quê?

2.Você tinha um livro favorito na infância que guardou até hoje?

3.Você já participou de um clube do livro ou compartilhou leituras com amigos?

Tempo com Amigos

Além dos laços familiares, existem as pessoas que você escolheu trazer para sua vida. Conte para a gente sobre aquelas amizades especiais que ofereceram risadas, apoio e um lugar onde você podia ser você mesma.

1.Quem foi sua amizade mais duradoura e o que sustentou esse vínculo?

2.Quais qualidades você mais valoriza nas suas amizades?

3.Qual foi a aventura ou experiência mais memorável que você compartilhou com amigos?

Coleções de Tesouros

As coisas que reunimos muitas vezes contam histórias sobre o que é importante para nós. Você colecionou algo especial ao longo dos anos – seja exibido com orgulho ou guardado em uma caixa especial?

1.Quais itens você colecionou ou reuniu?

2.Como essa coleção começou e como ela evoluiu?

3.Qual foi a adição mais inesperada à sua coleção?

Aventuras de Viagem

Viajar além do familiar desperta algo especial em nós. Quais jorna-das – grandes ou pequenas – abriram seus olhos para novas possibil-idades ou criaram memórias duradouras?

1.Qual foi sua experiência de viagem mais memorável e por quê?

2.Qual lugar que você visitou fez você se sentir instantaneamente em casa?

3.Há algum destino que você sempre sonhou visitar, mas ainda não conseguiu?

Cultivando Coisas

*Há algo curador em colocar as mãos na terra e ver as coisas crescer-
em. Cuidar de plantas ou jardinagem foi uma fonte de alegria na sua
vida?*

1.Quais tipos de jardinagem ou cuidado com plantas você gostou de
fazer?

2.Qual projeto ou sucesso no jardim te deu mais satisfação?

3.Você tem uma planta ou flor favorita que tem um significado especial?

Além de Casa

Fazer parte de algo maior do que nós mesmos nos conecta à comunidade de formas significativas. Quais grupos, causas ou conexões no bairro enriqueceram sua vida?

1.Quais grupos comunitários, organizações ou causas foram importantes para você?

2.Qual tradição ou evento comunitário você mais valoriza?

3.O que você aprendeu ao trabalhar com pessoas diversas em ambientes comunitários?

Habilidades Surpreendentes

Todos nós temos habilidades que podem surpreender quem só conhece um lado nosso. Quais talentos ou competências você desenvolveu que talvez não sejam óbvios para todos que te conhecem?

1.Você já se surpreendeu ao dominar algo que achava difícil demais?

2.Qual talento ou habilidade você herdou dos seus pais?

3.Há algum talento que você descobriu mais tarde na vida e que trouxe alegria para você?

8

Amor e Lições de Vida

Você nos ensinou tanto com suas palavras e ações.
Quais lições de vida você mais quer que a gente lembre?
Compartilhe a sabedoria do seu coração que espera que
levemos adiante.

Lições Mais Difíceis

Nossos momentos mais difíceis frequentemente trazem as maiores lições. Olhando para os desafios que você enfrentou, quais experiências difíceis te ensinaram coisas que você não poderia ter aprendido de outra forma?

1.Qual experiência te ensinou a lição mais difícil, mas valiosa, da sua vida?

2.Como você encontrou força nos momentos mais desafiadores?

3.Como você decidia quando continuar enfrentando desafios ou seguir por outro caminho?

De Coração para Coração

Algumas palavras são importantes demais para não serem ditas – a sabedoria que você mais quer que seus filhos carreguem. Se pudesse garantir que nos lembraríamos de algumas verdades essenciais sobre a vida e o amor, o que você gostaria que soubéssemos?

1.O que você gostaria que a gente soubesse se pudesse compartilhar apenas uma lição de vida?

2.Quais sonhos você tem para nós que nunca expressou?

3.Qual conselho essencial você daria sobre encontrar a verdadeira felicidade?

Sabedoria Sobre Pessoas

Os relacionamentos formam o coração de uma vida significativa, mas se conectar profundamente com os outros é tanto uma arte quanto uma ciência. O que você aprendeu sobre construir e manter os laços que mais importam?

1.Qual relacionamento na sua vida te ensinou mais sobre você mesma?

2.Como você equilibrou cuidar dos outros e cuidar de si mesma?

3.Quais erros em relacionamentos te ensinaram lições que você nunca esqueceu?

Bênçãos Inesperadas

A vida raramente segue os planos que fazemos, e alguns de seus melhores presentes chegam por meio de desvios não planejados. Quais surpresas te levaram a lugares maravilhosos que você nunca esperava ir?

1.Qual mudança inesperada no seu caminho levou a algo incrível?

2.Como você aprendeu a abraçar a incerteza em vez de temê-la?

3.Houve alguma oportunidade inesperada que você quase perdeu, mas decidiu aproveitar?

Sua Estrela Guia

Por trás das tendências e circunstâncias que mudam estão os valores essenciais que guiam nossas escolhas. Quais princípios serviram como sua bússola ao longo dos capítulos e desafios da vida?

1.Quais valores essenciais guiaram você por toda a sua vida?

2.Qual valor você herdou dos seus pais e fez questão de passar para nós?

3.Qual valor você acredita ser o mais necessário para uma vida significativa?

Erros que Ensinaram

Nossos erros, embora às vezes dolorosos, frequentemente se tornam nossos professores mais eficazes. Quais deslizes ajudaram a moldar sua compreensão ou redirecionaram seu caminho de forma significativa?

1.Qual erro levou ao seu maior crescimento pessoal?

2.Qual erro você gostaria de voltar atrás e corrigir?

3.Como você se reergueu após um grande revés ou fracasso?

Escolhas Corajosas

Certos momentos exigem que escolhamos entre conforto e crescimento, segurança e possibilidade. Quando você escolheu o caminho que exigiu mais coragem e como essa escolha moldou o que veio depois?

1.Qual foi a decisão mais ousada que você já tomou e o que te convenceu a tomá-la?

2.Como você encontrou coragem ao enfrentar um momento decisivo?

3.Como você decidia entre jogar pelo seguro ou correr um grande risco?

Sonhos para o Futuro

Embora não possamos ver além do nosso próprio horizonte, nossos sonhos se estendem às gerações futuras. Quais esperanças você nutre para o futuro da nossa família e para o mundo em que nossos filhos e netos viverão?

1.Qual sonho não realizado você gostaria que as futuras gerações alcançassem?

2.Como você imagina nossa família se transformando nas próximas décadas?

3.Qual conselho prático você daria para os membros mais jovens da família sobre se prepararem para o futuro?

Mais Histórias para Guardar

Todo pai ou avô carrega um tesouro de memórias esperando para ser compartilhado. Nossos lindos livros de recordações ajudam a capturar essas histórias preciosas antes que se percam com o tempo.

Nossa Série de Histórias em Família

| História do Pai | História da Mãe | História do Vovô | História da Vovó |

Disponível em:

• Amazon

• Principais livrarias online

Dê um presente que se torna mais valioso com o tempo – porque a história de cada membro da família merece ser contada, compartilhada e guardada.